Para Lain.

Título original em inglês: *Famous Children Handel*
Tradução autorizada por Aladdin Books Ltd
Primeira edição feita na Grã-Bretanha, 1992, por Victor Gollancz

TEXTO ADEQUADO ÀS REGRAS DO NOVO ACORDO ORTOGRÁFICO DA LÍNGUA PORTUGUESA

2ª edição, 2019

Coordenação editorial: Miriam Gabbai
Tradução e adaptação do original: Helena B. Gomes Klimes
Revisão: Ricardo N. Barreiros
Escaneamento e tratamento das imagens: Márcio Uva
Diagramação: Carlos Magno

CIP-BRASIL. CATALOGAÇÃO-NA-FONTE
SINDICATO NACIONAL DOS EDITORES DE LIVROS, RJ

R118h
2.ed.

Rachlin, Ann, 1933-

Handel / Ann Rachlin e [ilustração] Susan Hellard ; [tradução e adaptação do original Helena B. Gomes Klimes]. - 2.ed. - São Paulo : Callis Ed., 2019. il. color. - (Crianças famosas)

Tradução de: *Famous Children Handel*
ISBN 978-85-454-0037-0

1. Handel, George Frideric, 1685-1759 - Infância e juventude - Literatura infantojuvenil. 2. Compositores - Alemanha - Biografia - Literatura infantojuvenil. 3. Literatura infantojuvenil inglesa. I. Hellard, Susan. II. Klimes, Helena B. Gomes (Helena Botelho Gomes) III. Título. IV. Série.

09-5725. CDD: 927.8168
CDU: 929:78.071.1
04.11.09 12.11.09 016151

Índices para catálogo sistemático
1. Literatura infantil 028.5
2. Músicos: Literatura infantilojuvenil 028.5

ISBN: 978-85-454-0037-0

2020
Callis Editora Ltda.
Rua Oscar Freire, 379, 6º andar • 01426-001 • São Paulo • SP
Tel.: (11) 3068-5600 • Fax: (11) 3088-3133
www.callis.com.br • vendas@callis.com.br

Crianças Famosas

HANDEL

Ann Rachlin e Susan Hellard

Tradução: Helena B. Gomes Klimes

callis

Era o ano de 1692. George faria sete anos no dia seguinte e tia Anna levou-o até a cidade para escolherem juntos um presente de aniversário.

— Venha George — disse ela —, vamos até aquela loja de brinquedos de que você tanto gosta. Lá certamente encontraremos alguma coisa bem divertida para o seu aniversário!

— Não, obrigado tia Anna. Tudo o que eu gostaria de ganhar de aniversário seria um instrumento musical.

— Mas você sabe muito bem que seu pai não aprovará um instrumento musical dentro de nossa casa. Veja, ali está a minha doceira favorita! Vamos comer um doce de chocolate?

— Não, obrigado tia Anna — respondeu George entristecido.

Aquele passeio à cidade não tinha sido nada divertido.

Quando chegaram em casa, já era quase hora de dormir. George foi logo para sua cama. Mal havia adormecido quando acordou com alguém lhe chamando. Era tia Anna.

— Ssh, George, não faça barulho! Siga-me! Tenho uma surpresa para você!

Pé ante pé, eles subiram as escadas até o sótão.

Quando chegaram, tia Anna abriu a porta e George teve a maior surpresa de toda sua vida. Lá estava o mais lindo cravo que já havia visto!

— Mas por Deus, tia Anna! Como você conseguiu?

— Não se preocupe com isso — disse tia Anna. — Você não vai experimentá-lo?

George Handel sentou-se no banco e contemplou as teclas. Estava sem fôlego de tanta excitação. Passou os dedos pelo teclado e disse emocionado:

— Oh, tia Anna, muito obrigado! Este é o melhor presente de aniversário do mundo!

— Eu sabia que você iria gostar, George. Mas lembre-se, você só poderá tocar quando seu pai não estiver em casa, está bem? Você sabe que ele não gosta de música.

O pai de George era barbeiro-cirurgião. Ele não só era bom em cortar cabelos como também era um médico que fazia cirurgias. Por ser muito habilidoso, o senhor Handel fazia ótimos trabalhos. Ele trabalhava para o duque de Weissenfels, que adorava música e tinha sua própria orquestra.

— Por favor, pai — implorava George — leve-me para conhecer os músicos da orquestra do duque de Weissenfels! Eu adoraria conhecer músicos de verdade!

Mas o senhor Handel franzia a testa e dizia:

— Livros e estudo! É tudo o que importa! Não a música!

Assim, George esperava até que seu pai saísse e então corria até o sótão onde ficava escondido o seu instrumento. George tocava horas a fio... Ele era tão talentoso que sem ter recebido uma única aula tornou-se um músico muito bom.

“Mas como eu poderei ir a Weissenfels para conhecer músicos de verdade?”, George sempre se perguntava.

Todo mês, o senhor Handel passava vários dias em Weissenfels para aparar o cabelo do duque e fazer algumas cirurgias. Numa bela manhã, George acordou e ouviu seu pai se movendo no andar de cima.

"Papai está indo para Weissenfels! Eu sei que ele está! Talvez me deixe ir junto desta vez", pensou George. Pulou da cama e se vestiu rapidamente.

Em seu quarto, o senhor Handel acabava de empacotar a navalha e alguns instrumentos especiais para as cirurgias. Quando desceu com sua maleta, George esperava-o.

— Pai, por favor, deixe-me ir a Weissenfels com você desta vez?

— Livros! Livros! Você deve estudar bastante, e não ficar pensando em música!

O senhor Handel atravessou o pátio e subiu na carruagem que se foi sobre as pedras soltas que cobriam a estrada.

Mas George estava decidido. Desta vez ele iria com seu pai. E saiu correndo atrás da carruagem. Não demorou muito e o cocheiro avisou o senhor Handel que havia um menino os seguindo. O senhor Handel olhou para trás, viu George e deu ordem para que a carruagem parasse.

Assim, o bravo menino os alcançou, levantando atrás de si uma nuvem de poeira. George viu o rosto zangado de seu pai, mas aguentou firme.

— E agora, George? Você está errado em desobedecer minhas ordens, mas estamos muito longe de casa para você voltar sozinho... Suba e, quando chegarmos a Weissenfels, é melhor você se comportar.

— Sim, pai — disse George suavemente, enquanto entrava na carruagem.

George estava muito feliz, pois havia conseguido o que queria. Finalmente ele iria para Weissenfels conhecer músicos de verdade!

Todas as manhãs, enquanto o duque cuidava de sua corte e o senhor Handel fazia suas cirurgias, George subia para o coro da capela. Lá ficava o órgão do duque, e George se sentava para tocar. Um dia, o organista real o viu e disse:

— Você toca bem! Onde estudou?

— Eu nunca tive aulas, senhor — disse George.

— Verdade? É difícil acreditar que você nunca tenha estudado com um professor. Esteja aqui no próximo domingo, quando o duque vier assistir à missa.

Naquele domingo de manhã, o duque foi à capela. George estava lá em cima, ao lado do órgão, de onde podia ver todo o movimento.

— Oh, veja! Todas essas senhoras tão elegantes! Veja as perucas dos cavalheiros! É tudo tão maravilhoso!

— E agora, meu jovem — disse o organista da corte —, você vai tocar a marcha assim que a missa acabar.

— Eu? O senhor deve estar brincando! — disse George.

— Não é uma brincadeira — disse o organista da corte. — É verdade! Você tocará a marcha quando a missa terminar. Não tenha medo! Sei que você pode fazê-lo!

— Mas como saberei quando começar?

— Assim que o duque se levantar.

George estava assustado. E se o duque estivesse mal--humorado? Como um pequeno menino como ele tocaria a marcha ao final da missa? Era um fato inesperado!

George deu uma espiada por cima da mureta do coro. Lá estava o duque de Weissenfels, com um olhar muito sério. George foi para junto do órgão e se sentou. A missa estava quase acabando. Suas mãos tremiam. Ele esperou pelo momento mágico, quando o duque de Weissenfels ficaria de pé.

Houve um momento de silêncio... e o duque se levantou! Todos se levantaram em respeito ao duque que saía solenemente pelo corredor. Algumas senhoras iniciavam suas reverências quando notaram George sentado ao órgão, tocando compenetradamente a marcha. Admiradas elas exclamaram:

— Oh!

O duque, surpreso, seguiu seus olhares.

— Um menino! — disse. — Quem é ele?

— É o filho do senhor Handel, o barbeiro-cirurgião.

— É ele mesmo? Mande o senhor Handel vir falar comigo. E que traga junto com ele o menino!

O senhor Handel se curvou diante do duque.

— Um ótimo músico o senhor tem aqui, senhor Handel.

— Bem, ele não é ruim!

— Não é ruim? Ele é muito bom! Quem é seu professor?

— Ele não está tendo aulas, senhor duque — respondeu timidamente o senhor Handel.

— O quê? — gritou o duque. — Com todo esse talento ele deveria estar estudando! Aqui está, rapaz! — disse o duque, dando a George uma bolsa de moedas de ouro.

— Você deve ter aulas de música com o professor Zachau, ele é um ótimo mestre!

O senhor Handel não pôde recusar.

Assim que voltaram para casa, George correu para contar a tia Anna todas as novidades.

— Terei aulas de música! Foi o duque quem disse! Agora não temos mais de fazer segredo sobre o cravo!

George Frederic Handel estudou muito e se tornou um compositor famoso. Suas músicas são conhecidas e tocadas por todo o mundo. Ele foi o músico favorito dos reis George I e George II da Inglaterra, onde viveu a maior parte de sua vida. Adorava compor músicas para as histórias da *Bíblia* — os oratórios. Um deles, *O Messias,* é talvez o seu trabalho mais apreciado.

Aqui estão algumas das peças musicais mais famosas compostas por George Frederic Handel.

The water music, apresentada pela primeira vez para o rei George I, à beira do rio Tâmisa, em 1717.

Music for the royal fireworks, apresentada pela primeira vez para o rei George II, em 1749.

O Messias, apresentada pela primeira vez em Dublin, em 1742.

Ann Rachlin é uma educadora de música internacionalmente conhecida. Também é escritora, contadora de histórias, letrista, palestrante e fundadora da instituição de caridade The Beethoven Fund, para crianças surdas. Ann atuou em inúmeros festivais internacionais de música e contribuiu com grandes orquestras sinfônicas no Reino Unido, nos EUA e na Austrália.

Susan Hellard é uma hábil ilustradora com uma longa lista de livros para crianças. Mora em Londres e adora nadar. Possui um estilo de ilustração bem diversificado, abrangendo desde princesas até livros de receitas e projetos de cerâmica.

www.ingramcontent.com/pod-product-compliance
Lightning Source LLC
LaVergne TN
LVHW071727230826
846093LV00024B/542
* 9 7 8 8 5 4 5 4 0 0 3 7 0 *